CW00459445

Love and Nature

Amor y Naturaleza

Love and Nature
Amor y Naturaleza

ABRAHAM GARCIA

Copyright © 2024 by Abraham Garcia.

All rights reserved. No part of this publication may be reproduced, distributed, or transmitted in any form or by any electronic or mechanical means, including information storage and retrieval systems, without a prior written permission from the publisher, except by reviewers, who may quote brief passages in a review, and certain other noncommercial uses permitted by the copyright law.

ISBN: 979-8-89228-069-3   (Paperback)
ISBN: 979-8-89228-070-9   (Hardcover)
ISBN: 979-8-89228-071-6   (eBook)

Printed in the United States of America

CONTENTS

Evaluación de los editores

Colección de poemas en dos idiomas. Poemas basados en la realidad, no solo en la mera fantasía. Poemas que pueden resonar en todos y cada uno de nosotros. Historias de amor en su máxima expresión.

Las primeras páginas de este manuscrito me calientan el corazón y me recuerdan la calidez de mi primer amor. En general, se trata de archivos de amor desglosados en sus similitudes con la naturaleza: los cuatro elementos.

La capacidad del autor para transmitir el cariño del amor es muy interesante, ya que conecta a cada alma.

Esta es una lectura ligera para todos, recomendada para todos, ya sea que hables inglés o español, o cualquier idioma que elijas. El lenguaje universal del amor siempre puede ser entendido. Estoy muy ansioso por experimentar el amor a través de todas y cada una de las páginas de este manuscrito.

EDITORS ASSESSMENT

A collection of poems in two languages. Poems based on reality not just on mere fantasy. Poems that may resonate in each and every one of us. Tales of love at its grandest.

The first few pages of this manuscript warm up my heart and reminded me of the coziness of my first love. Overall, this is files of love broken down to its similarities with nature – the four elements.

The ability of the author to relay the fondness of love is very interesting as it connects every single soul.

This is a light read for all - recommended for everybody, whether you speak English or Spanish, or whatever language you choose. The universal language of love can always be understood. I am very eager to experience love through each and every page of this manuscript.

PARA SIEMPRE

En tus ojos, veo mi reflejo
En tu alma, seguro yo me encuentro
Tu corazón con el mío lo conecto
Cuando me abrazas tranquilizas el fuego que llevo adentro
Tu voz calma mi temperamento
Veo tu sonrisa y me alegro
Con nuestras conversaciones, aprendo
Acaricio lentamente tu pelo
Tu carita linda viene del cielo
Tu perfume se queda en mi ropa, y siento que nunca estás lejos
Aunque te vayas, parte de ti yo siempre llevo
Con maquillaje o natural te ves bella todo el tiempo
Sin brújula, hasta en otro mundo, yo te encuentro
Tus besos refrescantes como el viento
Tú sacas todo lo bueno que yo tengo
Todo de ti me trae amor, paz, y buenos sentimientos
Cada momento contigo yo lo aprecio
Tu presencia es lo más valioso que yo tengo
Nuestro amor es para siempre no tiene fecha de vencimiento

FOREVER

In your eyes, I see my reflection
In your soul, surely I find myself
Your heart connects with mine
When you hug me you calm the fire that I have inside
Your voice calms my temper
I am happy when I see you smile
Through our conversations, I learn
I slowly caress your hair
Your pretty face comes from heaven
Your perfume stays on my clothes, you are never far away
Even if you leave, part of you I always carry with me
With makeup or without you look beautiful at all times
Without a compass, even in another world, I would find you
Your kisses are refreshing like the wind
You bring out all the good that I have inside
Everything about you brings me love, peace, and good feelings
I appreciate every moment with you
Your presence is the most valuable thing I have
Our love is forever and knows no expiration

AMOR Y NATURALEZA

Amor y Naturaleza dos de las cosas más importantes y más real
A veces hay amor que viene y va
Cómo las estaciones que duran temporal
El amor real no fracasa ni en esos tiempos de tormenta
En el amor, hay días buenos y días mal
Pero como el clima, nada es perfecto en esta vida
Lo más importante es tener entendimiento de la otra persona
No te enfoques en lo que no puedes controlar
Porque el sol y la lluvia son parte del plan
Todo lo que te pasa es parte de la orden natural
En la naturaleza, encuentras amor y paz
Y en el amor real nada es forzado, todo debe de fluir natural
Todos estamos conectados, eso te enseña el amor y la naturaleza
Si no te amas a ti mismo no sabes amar
Si no pasas tiempo en la naturaleza no lo vas a saber apreciar
Amor y naturaleza, las dos cosas me enseñaron a tener paciencia
y no apresurar
Amor y naturaleza, dos cosas que me enseñaron mucho más de
lo que podría imaginar

Love and Nature

Love and Nature are two of the most important and realest of things
Sometimes there is love that comes and goes
Like the seasons that last temporarily
Real love does not fail even in those stormy times
In love, there are good days and bad
But like the weather, nothing is perfect in this life
The most important thing is to understand the other person
Don't focus on what you can't control
Because the sun and the rain are part of the plan
Everything that happens to you is part of the natural order
In nature, you find love and peace
And in real love, nothing is forced, everything must flow naturally
We are all connected, love and nature, teach you this
If you don't love yourself you don't know how to love
If you don't spend time in nature you won't know how to appreciate it
Love and nature, both things taught me to be patient and not rush
Love and nature, are two things that taught me much more than I could've imagined

El Tren

En el tren, veo las nubes y los árboles
Árboles que perdieron todas sus hojas con el pasar de tiempo
Como la vida, a veces hay que perder nuestras hojas para el crecimiento
También hay árboles verdes
Y tenían que perder sus hojas para después estar en su mejor momento
Veo pájaros volando por el cielo
Dejando que se los lleve el viento
En el tren, veo vacas disfrutando del brillo del sol y también pastoreando la hierba
El clima fresco porque todavía es invierno
En el tren hay personas, pero estoy solo con mis pensamientos
En el tren, escribo esto mientras me tomo un refresco
En el tren, la ventana me sirve como un espejo
Veo mi reflejo y me pregunto cómo puedo mejorar este Año Nuevo
En el tren contento por la naturaleza y por otro día más
En el tren pensando que estoy donde necesito estar, porque el tiempo de Dios es perfecto
No hay coincidencias en esta vida y en el tren llego a mi destinación final

THE TRAIN

On the train, I see the clouds and the trees
Trees that lost all of their leaves over time
Like life, sometimes we have to lose our leaves for growth
Some trees are green
And they had to lose their leaves to later be at their best
I see birds flying through the sky
Letting themselves be carried away by the wind
On the train, I see cows enjoying the sunshine and grazing the grass
The climate is fresh as it is still winter
On the train there are people, but I am alone with my thoughts
On the train, I write this while I drink a beverage
On the train, the window serves as a mirror
I look at my reflection and wonder how I can improve this New Year
On the train happy because of nature and for another day
On the train thinking I'm where I need to be, because God's timing is perfect
There are no coincidences in this life and on the train I arrive at my final destination

En La Lluvia

En la lluvia, el aire se siente más refrescante
En la lluvia, todo se moja en un instante
En la lluvia, me resbalo pero sigo adelante
En la lluvia, el ruido de las gotas traen paz y tranquilidad
En la lluvia, se ve gris toda la ciudad
En la lluvia, hasta los carros pierden su velocidad
En la lluvia, compartimos una sombrilla mientras tu mano me das
En la lluvia, caminamos hasta que no podemos más
En la lluvia, hay neblina pero tú me das claridad
En la lluvia, llegamos a nuestro hogar
En la lluvia, disfrutamos de café con pan
En la lluvia, tenemos conversaciones con mucha profundidad
En la lluvia, aunque no me guste, contigo nunca lo pasó mal
En la lluvia, nos acostamos y el arcoíris nos despierta con toda su majestad
En las lluvias que trae la vida, yo aprendí a apreciar más

IN THE RAIN

In the rain, the air feels more refreshing
In the rain, everything gets wet in an instant
In the rain, I slip but I keep persistent
In the rain, the noise of the raindrops brings peace and tranquility
In the rain, the whole city looks gray
In the rain, even cars lose their speed
In the rain, we share an umbrella while you give me your hand
In the rain, we walk until we can't anymore
In the rain, there is fog but you give me clarity
In the rain, we arrived at our home
In the rain, we enjoy coffee with bread
In the rain, we have very deep conversations
In the rain, even though I don't like it, I never have a bad time with you
In the rain, we go to bed and the rainbow wakes us up with all its majesty
In the rain that life brings, I learned to appreciate more

NADIE MÁS

No quiero a nadie más
Es que nadie como tú me da paz
Siempre real tú no tienes disfraz
Nadie brilla más que tú
Ni las estrellas ni la luna compiten con tu luz
Por ti, yo cargo la cruz
Tu presencia la necesito por siempre
Una dama tú eres la más decente
Contigo, el amor siempre está presente
Contigo, yo no necesito ser exigente
Tú me das todo y yo también te doy todo lo que mi corazón
ofrece
Más que lo físico conectamos la mente
Juntos los dos somos más fuertes
Caminamos tú y yo mano a mano por el puente
Encima del mar hasta llegar a ese lugar
El lugar especial donde solo tú y yo podemos estar
El lugar sin preocupaciones y de mucha felicidad
El lugar al fin del mar donde trascendemos
A lo espiritual

NO ONE ELSE

I do not want anyone else
It's just that no one like you gives me peace
Always real you have no disguise
Nobody shines brighter than you
Neither the stars nor the moon can compete with your light
For you, I'd carry the cross
I need your presence forever
You're a lady and you are the most decent
With you, love is always present
With you, I don't need to be demanding
You give me everything and I also give you everything my heart
has to offer
More than the physical we connect the mind
Together we are both stronger
You and I walk hand in hand across the bridge
Above the sea until we reach that place
The special place where only you and I can be
The place without worries and a lot of happiness
The place at the end of the sea where we transcend
To the spiritual

ATARDECER

De pie pensativamente sobre rocas inamovibles
Conectado a tierra y de repente el tiempo se detiene
Admirando el arte que crea el atardecer
Tonos de púrpura, naranja y amarillo, majestuosos pero suaves
Las olas rompen y crean un instrumento interesante
Tranquilo pero sabes que el mar puede ser feroz
Escucha a la naturaleza y escucharás su voz, una voz suave
La brisa del mar libera nuestras endorfinas
Donde te paras y miras no es una coincidencia, porque la vida lo eligió
Deslízate por la vida como los pájaros en el cielo
La conciencia de tus cinco sentidos aporta mucha tranquilidad
Deja ir el dolor, porque todos debemos afrontar nuestra desaparición
Cierra los ojos, respira y agradece siempre la vida

SUNSET

Standing thoughtfully on immovable rocks
Grounded and suddenly time stops
Admiring the art the sun creates when it sets
Hues of purple, orange, and yellow, majestic yet mellow
The waves crash and make for an interesting instrumental
Peaceful yet you know the sea can be ferocious
Listen to nature and you will hear her voice, soft-spoken
The sea breeze releases our endorphins
Where you stand and watch is no coincidence, for life chose it
Glide through life like the birds in the sky
Awareness of your five senses brings much peace of mind
Let go of the pain, for we all must meet our demise
Close your eyes, breathe in, and always be grateful for life

FUGAZ

Si no tienes cuidado, la vida pasa velozmente, como un vehículo en
una carretera recta
No importa qué tan lejos o rápido pueda flotar, mira a tu alrededor
Para la naturaleza la belleza sigue surgiendo
No vivas la vida tan rápido que todo lo que obtengas sea una
vislumbre minúscula
Disfruta de los pequeños placeres y de la paz que aporta
Amplíe sus horizontes como las ramas que crecen en un árbol
Como pájaros deslizándose por el viento, libérate
Como el sol que brilla a través del vasto cielo azul, sepa cuándo
instalarse y cuándo levantarse
Como una montaña, mantente firme a través de ráfagas y tormentas
Cuando sobrevives, das paso a una belleza que de otro modo no
hubieras conocido

FLEETING

If you are not careful life fleets by quickly, like a vehicle on a straight road
No matter how far or fast it may fleet, look around
Nature's beauty continues to spring
Don't live life so quickly that all you get is a minuscule glimpse
Enjoy the small pleasures and the peace that it brings
Extend your horizons like branches growing from a tree
Like birds gliding through the wind set yourself free
Like the sun that shines through the vast blue sky, know when to settle and when to rise
Like a mountain stand firm through gusts and storms
When you survive you give way to beauty you otherwise may not have known

PRADOS

En los prados, no hay preocupaciones
En los prados, crecen hermosas flores
En los prados, es el lugar seguro lejos de casa
En los prados, la naturaleza fluye
En los prados, encuentro consuelo en las brillantes briznas de hierba verde
En los prados, se acumulan sentimientos de euforia
En los prados, vemos pasar las nubes
En los prados, nos acostamos mano a mano
En los prados, el cálido sol trae felicidad eterna
En los prados, miramos las estrellas y bajo la luna compartimos un beso
En los prados, es donde conectamos nuestras almas
En los prados, nuestro amor crece y crece
En los prados, cae la noche pero no nos enfriamos
En los prados, nos quedamos hasta que nos hicimos viejos y sabios
En los prados, tú y yo, somos enteros

MEADOWS

In the meadows, there are no concerns
In the meadows, beautiful flowers grow
In the meadows, is the safe place away from home
In the meadows, nature flows
In the meadows, I find comfort in the bright green blades of
grass
In the meadows, euphoric feelings amass
In the meadows, we watch the clouds sail pass
In the meadows, we lay down hand in hand
In the meadows, the warm sun brings everlasting bliss
In the meadows, we stargaze and under the moon, we share a
kiss
In the meadows, is where we connect our souls
In the meadows, our love grows and grows
In the meadows, night falls yet we don't grow cold
In the meadows, we stayed until we grew wise and old
In the meadows, you and I, we are whole

La Mujer

La mujer en que yo pienso, no le gusta lo excesivo
La mujer en que yo pienso, es humilde y no le importa el dinero
La mujer en que yo pienso, no es interesada, solo piensa en cómo
aumentar lo nuestro
La mujer en que yo pienso, no sabe lo lindo que tiene adentro
La mujer en que yo pienso, le fascinan mis pensamientos
La mujer en que yo pienso, le gusta cuando hablamos de sentimientos,
esperanzas y sueños
La mujer en que yo pienso, siempre la llevo adentro
La mujer en que yo pienso, es cariñosa y un buen ejemplo
La mujer en que yo pienso, acepta mis defectos
La mujer en que yo pienso, es mi roca en esos difíciles momentos
La mujer en que yo pienso, me trae paz y no sufrimiento
La mujer en que yo pienso, sabe calmar el fuego que llevo adentro

THE WOMAN

The woman I think of, does not like the excessive
The woman I think of, is humble and doesn't care about money
The woman I think of, is not self-centered, she only thinks about
how to increase what we have
The woman I think of, does not know how beautiful she is inside
The woman I think of, is fascinated by my thoughts
The woman I think of, likes when we talk about feelings, hopes
and dreams
The woman I think of, I always carry inside with me
The woman I think of, is loving and exemplary
The woman I think of, accepts my flaws
The woman I think of, is my rock in times of woes
The woman I think of, brings me peace and not suffering
The woman I think of, knows how to calm the fire inside of me

OBSERVACIONES DEL PARQUE

Majestuosos cielos azules sin fin en todo su esplendor
Brisa ligera y tranquila que quita las preocupaciones
Pájaros que cantan dulces melodías que adoran
Briznas de hierba de color verde brillante que se mueven lentamente
El mejor amigo del hombre corriendo libre simplemente disfrutando
Grandes ramas de árboles balanceándose de un lado a otro
El sol brinda un resplandor tranquilo
Los automóviles circulan en un flujo pacífico
Los edificios al fondo proporcionan un escenario artístico
La naturaleza proporciona paz tras gran parte de la miseria de la vida
Los viajeros encuentran puntos en común en espacios donde
escapan de las frustraciones de la vida
Cómo una simple ubicación puede generar fotografía, lectura y
provocación de pensamiento
No dejes que la redundancia de la vida se convierta en tu única ocupación
No olvides que la naturaleza puede traer paz, felicidad y estimulación

PARK OBSERVATIONS

Majestic blue skies never ending in all its glory
Light calm breeze that takes away worries
Birds singing sweet tunes that are adoring
Bright green blades of grass twitch slowly
Man's best friend running free simply enjoying
Large tree branches swinging to and from
The sun provides a peaceful glow
Automobiles drive by in a peaceful flow
Buildings in the background provide an artistic scenery
Nature provides peace from much of life's misery
Travelers find commonalities in spaces where they escape life's frustrations
How a simple location can bring about photography, reading, and thought provocation
Don't let life's redundancy become your only occupation
Don't forget nature can bring peace, happiness, and stimulation

DIOS

Gracias Dios, mío por otro día
Gracias por el sol y la luna que siempre brillan
Gracias por el viento que me enfría
Gracias por la naturaleza y su majestad
Gracias por amigos y familia
Gracias por el mar y toda su maravilla
Gracias por las estrellas que alumbran la noche fría
Gracia por paz mental y sabiduría
Gracias por dejarme soñar y hacer realidad mis fantasías
Gracias por la vida
Por lo malo y lo bueno
Porque sin lo malo nunca agradecemos
Los buenos tiempos

GOD

Thank you God, for another day
Thank you for the sun and the moon that always shines
Thank you for the wind that cools me down
Thank you for nature and all its majesty
Thank you for friends and family
Thank you for the sea and all its wonder
Thank you for the stars that light up the cold night
Thank you for peace of mind and wisdom
Thank you for letting me dream and making my fantasies a reality
Thank you for life
For the bad and the good
Because without the bad we are never thankful
For the good times

EL AMOR QUE ESPERO

Amor en fuego
Si no tenemos cuidado
Nos quema al mismo tiempo
Un amor propio no es amor de ciegos
Amor en hielo
Detiene hasta el tiempo
Años se sienten como segundos
Con un amor sincero
Amor que toca el cielo
Nunca baja al suelo
Amor de costumbre
No es amor verdadero
Amor del que sientes en tus sueños
Es un amor sin tiempo
No un amor pasajero
Un amor al cien por ciento
Nunca queda en cero
Un amor justo
Como la reflexión que ves en el espejo
Un amor sin traiciones y juegos
Este es el amor que espero

THE LOVE I HOPE FOR

Love on fire
If we are not careful
It burns us at the same time
Proper love is not blind
Love on ice
Even stops time
Years feel like seconds
With sincere love
Love that touches the sky
Never falls to the ground
Customary love
Is not true love
Love that you feel in your dreams
Is a love without time
Not a fleeting love
A love that gives one hundred percent
Never gets to zero
Fair love
Is like the reflection you see in the mirror
A love without betrayals and games
This is the love I hope for

Mi Universo

Tú eres la miel de mi universo
Aquí sentado solo te espero
Sentado aquí desde el verano hasta el invierno
Esperando darte mi amor completo
Te busco donde estés, hasta en el cielo o el infierno
Tú me das paz mental
Tu amor es fuerte, pero también me calma como las olas del mar
Te escribo mil palabras y te las lleva el viento
Te amo en ese espacio donde no existe el tiempo
Contigo, siento alegría
Y sin ti el sufrimiento
Me encanta explorar el bosque de tu cuerpo
Tú eres una obra de arte, obra maestra de la belleza
Conectamos nuestras almas y nos trasladamos a otro universo
Allí en ese lugar, te espero cuando mi alma se separe de mi cuerpo

My Universe

You are the honey of my universe
Sitting here alone I wait for you
Sitting here from summer to winter
Hoping to give you my complete love
I'd look for you wherever you are, even in heaven or hell
You give me peace of mind
Your love is strong, but it also calms me like the waves of the sea
I write you a thousand words and the wind takes them to you
I love you in that space where time does not exist
With you, I feel joy
And without you, suffering
I love exploring the forest of your body
You are a work of art, a masterpiece of beauty
We connect our souls and transport to another universe
There in that place, I wait for you when my soul separates from
my body

ESENCIA

Tus besos a mí me llevan a otro planeta
Tus labios, grandes y suaves son sabor fresa
Tu carita de muñeca tan perfecta
En tus ojos veo todas las galaxias
Tan tímida pero tan hermosa
Sabes cómo comportarte como una mujer de alta calidad
Todo lo que sale de tu boca es sabiduría
Tú eres la única que me puede conquistar
Tu presencia me lleva hasta el fin del mar
Tu sonrisa brilla más que la luna llena
Contigo, no veo nada mal
Cuerpo de diosa
Tú eres la más hermosa de todas
Una vida sin ti no puedo imaginar
Tú eres una obra de arte, contigo, ninguna compara
Tú eres esa luz que brilla en la oscuridad
Hasta tu voz a mí me calma
Te expresas de una manera linda y eso hay que respetar
Un diamante que encontré entre mucha tierra
Hablamos de todas las teorías de la vida
Y juntos conectamos la mente y el alma
Contigo siempre voy a estar

ESSENCE

Your kisses take me to another planet
Your big, soft lips are strawberry-flavored
Your doll face is so perfect
In your eyes, I see all the galaxies
So shy yet so beautiful
She knows how to behave like a high-quality woman
Everything that comes out of your mouth is wisdom
You are the only one who can win me over
Your presence takes me to the end of the sea
Your smile shines brighter than the full moon
With you, I don't see anything wrong
Body of a goddess
You are the most beautiful of all
I can't imagine a life without you
You are a work of art, with you, everyone pales in comparison
You are that light that shines in the darkness
Even your voice calms me down
You beautifully express yourself and that must be respected
A diamond that I found amongst a lot of dirt
We talk about all the theories of life
And together we connect the mind and the soul
I will always be with you

AMOR PROPIO

Amo mi estilo
Amo mi barba
Amo mis gafas
Amo mi humor
Amo mi inteligencia
Amo mi vulnerabilidad
Amo mi tenacidad
Amo mi pasión
Amo mi fortaleza mental
Amo mi cabello
Amo mi don de la poesía
Amo mi don de palabras
Amo mi romanticismo
Amo que soy genuino
Amo que soy auténtico
Amo que me gusta leer
Amo que me encanta el conocimiento
Amo que soy educado
Amo que tengo una maestría
Amo que me encanta haber vencido las probabilidades
Amo que he crecido este año
Amo que estoy aprendiendo a tener paciencia
Amo que estoy aprendiendo a ser más positivo
Me amo a mi mismo

SELF LOVE

I love my style
I love my beard
I love my glasses
I love my humor
I love my intelligence
I love my vulnerability
I love my tenacity
I love my passion
I love my mental fortitude
I love my hair
I love my gift of poetry
I love my gift of words
I love my romanticism
I love that I am genuine
I love that I am authentic
I love that I like to read
I love that I love knowledge
I love that I'm educated
I love that I have a master's degree
I love that I beat the odds
I love that I have grown this year
I love that I'm learning patience
I love that I'm learning to be more positive
I love myself

Joya de Mis Ojos

¿Por qué será?
Que nadie es más importa cuando tú aquí estás
Tú de mi mente no te quitas
Cuando estoy cerca de ti tú me das paz
Mi corazón late cuando te miro y odio cuando te vas
Te beso bajo las estrellas fugaces
Te abrazo fuerte y siento tu energía
Cuando hacemos el amor, nuestras almas intercambian
Ya nuestra conexión es más que física
Nuestro amor llega hasta el mundo espiritual
Tu alma brilla más que la luna entera
Contigo soy real, no uso disfraz
Te cuento todos mis secretos y no me juzgas
Un ángel que llegó del cielo, que me gusta cuidar
Contigo lo tengo todo, para más no hay necesidad
Tus ojos a mí me hablan, sin tu tener que hablar
Nadie como tú en esta vida volvería encontrar
Le doy gracias a Dios, que me trajo la joya más hermosa y bella

JEWEL OF MY EYES

Why is it?
That no one is more important when you are here
I can't get you out of my mind
When I'm close to you, you give me peace
My heart beats when I look at you and I hate when you leave
I kiss you under the shooting stars
I hug you tight and feel your energy
When we make love, our soul intertwines
Our connection is more than physical
Our love reaches the spiritual world
Your soul shines brighter than the entire moon
With you I'm real, I don't wear a disguise
I tell you all my secrets and you don't judge me
An angel that came from heaven, that I enjoy taking care of
With you I have everything, there is no need for more
Your eyes speak to me, without you having to say a word
Nobody like you in this life will I find
I thank God, who brought me a jewel of the most gorgeous and
beautiful kind

Solo un Sueño

La vida pasa rápido como polvo en el viento. Lleno de juicios nublados y pecados lamentables. Como niebla que nubla los colores vivos y la belleza que encontramos tanto en el exterior como en el interior, mientras te hace creer que lo que viviste fue solo un sueño.

JUST A DREAM

Life blows by quickly like dust in the wind. Full of cloudy judgments and regretful sins. Like fog that clouds the vivid colors and the beauty we find both outside and within, whilst making you believe that what you lived was just a dream.

FLOR

Me enamoré de una flor
Tiene espinas
Cortan como espadas
Se las acaricio
A mí no me dañan
Sin palabras
Sé que me ama
Ella es más que una flor
Es las Rubí de mi corona
Yo la adoro
Porque es preciosa
Y su aroma
Se queda en mi ropa
Siempre yo le doy amor
Yo la cuido
Y ella florece
Y me alegra ver cómo crece
Le di besos
Cien mil de veces
Para siempre me perteneces, cien años o más

FLOWER

I fell in love with a flower
It has thorns
They cut like swords
Yet I caress them
They don't hurt me
Without words
I know she loves me
She is more than a flower
She is the ruby of my crown
I adore her
Because she is precious
And her scent
Stays on my clothes
I always give her love
I take care of her
And she blooms
And I'm glad to see how she grows
I give her kisses
A hundred thousand times
Forever you belong to me, a hundred years or more

REFLEJOS

Los bellos reflejos que solo yo puedo ver
Reflejos de azul y verde
Reflejos de ti y de mí
El verdadero espejo de mi ser

¿Qué te dijo el estanque?
Mira más allá de lo que te han dicho
Las respuestas a tus preguntas, ya las sabes

¿Qué ves arriba?
Reflejos azules por todas partes
Reflejos del cielo y las nubes

¿Qué ves abajo?
Reflejos verdes de colinas y laderas
Todo delicado, suave y húmedo

¿Qué ves dentro de ti?
Reflejos de valor y fuerza
Pero también oscuridad y orgullo

¿Qué ves en ti y en mí?
Nuestras almas se han entrelazado
Por siempre soy tuyo y por siempre eres mía

REFLECTIONS

The beautiful reflections only I can see
Reflections of blue and green
Reflections of you and me
The true mirror of my being

What did the pond say to you?
Look beyond what you've been told
Answers to your questions, you already know

What do you see up above?
Blue reflections all around
Reflections of the sky and clouds

What do you see down below?
Green reflections of hills and slopes
Everything delicate, soft, and moist

What do you see inside yourself?
Reflections of courage and might
But also the darkness and pride

What do you see in you and me?
Our souls have intertwined
I'm forever yours and you are forever mine

Como la Tierra

Como la tierra, tus aguas fluyen
Todo de ti, me dejas explorar

Como la tierra, eres misteriosa
Pero conmigo, eres vulnerable

Como la tierra, estás llena de vida
Tú energizas, todo lo que tengo dentro

Como la tierra, eres hermosa y brillante
Todo de ti lo acepto, la oscuridad y la luz

Como la tierra, haces girar mi corazón
Cada vez que acaricio tu suave piel

Como la tierra, orbitas alrededor de mi espacio
Nuestro amor, no hay que perseguir

Como la tierra, creas vida
Contigo, nunca hay conflictos

Como la tierra, alimentas mi visión
Cultivando mi mente, cuerpo y espíritu

LIKE THE EARTH

Like the earth, your waters flow
All of you, you let me explore

Like the earth, you are mysterious
But with me, you are vulnerable

Like the earth, you are full of life
You energize, all I have inside

Like the earth, you are beautiful and bright
All of you I accept, the dark and the light

Like the earth, you make my heart spin
Every time I caress your soft skin

Like the earth, you orbit around my space
Our love, there is no need to chase

Like the earth, you create life
With you, there is never a strife

Like the earth, you nurture my vision
Cultivating my mind, body, and spirit

LA CANCIÓN DEL PARQUE

Pájaros trinando
Gente fumando
Viento que sopla
Coche volando
Luz del sol radiante
Gente comiendo
Niños gritando
Niños jugando
Gente riendo
Gente yendo
Gente corriendo
Gente caminando
Gente hablando
Gente mirando
Perro ladrando
Niños resbalando
Niños deslizando
Gente tomando fotos
El caballero me preguntó si tenía papel para enrollar
Amablemente le dije que no
La joven se cayó
En la ladera cubierta de hierba
Miro al cielo
Devuelve la mirada
Se queda mirando mi alma

THE PARK'S SONG

Birds chirping
People smoking
Wind blowing
Cars soaring
Sunlight beaming
People eating
Children screaming
Children playing
People laughing
People going
People running
People walking
People talking
People watching
Dogs barking
Children sliding
Children gliding
People taking photos
A gentleman asked if I had paper to roll
Kindly told him no
Young lady fell
On the grassy slope
I gaze at the sky
It gazes back
It stares at my soul

NATURALEZA HABLA

En el banco de madera me siento estoico
La vista de la ciudad inspira a un poeta
El viento susurra suavemente en mi oído
Comparte conmigo recuerdos de gloria y lágrimas
El aire fresco llena mis pulmones
Cierro los ojos lentamente, y con la naturaleza, me hago uno
Los árboles me hablan con sus ramas y al final me cantan una
canción
Una canción sobre la paz, el amor, la prosperidad y inspiración
La canción concluye y abro los ojos
De repente mis ojos se fijan en la deliciosa luna
Su luz brillante ilumina todo lo que está a mi vista
Un búho se alza sobre el árbol
Su mirada es misteriosa pero me dice que respire
Comparte su sabiduría conmigo y vuela hacia la oscuridad para
nunca ser visto
Cuando eres uno con la naturaleza, también puedes oír lo que yo
oigo y ver lo que veo
Como ocurre con el amor, la conexión crece con tiempo, paciencia
y comprensión
Amor y naturaleza, dos poderosos bienes para el bienestar de la
mente

Nature Speaks

On the wooden bench, I sit stoic
The city view inspiring for a poet
The wind gently whispers in my ear
It shares with me memories of glory and tears
The fresh air fills my lungs
I close my eyes slowly, and with nature, I become one
The trees speak to me with their branches and eventually sing
me a song
A song about peace, love, prosperity, and inspiration
The song concludes and I open my eyes
Suddenly my eyes are fixed on the luscious moon
It's bright light illuminates everything within my sight
An owl is perched on the tree
Its look is mysterious but it tells me to breathe
It shares its wisdom with me and flies into the darkness never to
be seen
When you are one with nature you as well can hear what I hear
and see what I see
Like with love the connection grows with time, patience and
understanding
Love and nature, two powerful assets for the well-being of the
mind

JARDÍN

En el jardín, eres la flor con el brillo más brillante
En el jardín, nos regamos y nos ayudamos a crecer
En el jardín, nos quitamos suavemente las espinas
En el jardín, no hay vergüenza, culpa, ni desprecio
En el jardín, te cuidaré aunque llueva, o haya aguanieve y nieve
En el jardín, encontramos una paz que muchos no llegan a conocer
En el jardín, la armonía siempre es segura
En el jardín, el tiempo se detiene para que nunca envejezcamos
En el jardín, no hay sufrimiento solo pura alegría
En el jardín, deambulamos sin cesar hasta que ya no podemos más
En el jardín, compartimos una comida sobre la loma cubierta de hierba.
En el jardín, se puede ver nuestra siluetas mientras caminamos junto a la luna
En el jardín, tú y yo estamos siempre en sintonía
En el jardín, no hay pecado, tentación ni perdición
En el jardín, está el lugar al que nadie puede llegar excepto tú y yo

GARDEN

In the garden, you are the flower with the most brilliant glow
In the garden, we water each other and help each other grow
In the garden, we gently pick each other's thorns
In the garden, there is no shame, guilt, or scorn
In the garden, I will care for you, rain, sleet, or snow
In the garden, we find peace that many don't get to know
In the garden, harmony is always true
In the garden, time stops so we never grow old
In the garden, there is no suffering only pure bliss
In the garden, we roam endlessly till we can't anymore
In the garden, we share a meal on the grassy knoll
In the garden, our silhouettes can be seen as we walk alongside
the moon
In the garden, we are forever in tune
In the garden, there is no sin, temptation, or doom
In the garden, is the place no one can reach except me and you

RÍO

En el río, navegamos lentamente
En el río, controlamos dónde sopla el viento
En el río, tu piel tiene un brillo diferente
En el río, tus ojos me hipnotizan mientras remo
En el río, vemos las plantas florecer y crecer
En el río, me dejas guiar, mientras me inspiras
En el río, el agua es cristalina y prístina
En el río, vemos mariposas agitando sus alas
En el río, se asoma el sol, porque es primavera
En el río, observamos a los colibríes polinizar las plantas mientras
se alimentan
En el río, vemos ángeles que nos guardan a ti y a mí
En el río, somos Adán y Eva
En el río, no hay serpiente que traiga nuestra muerte
En el río, somos supremos
Remamos río abajo, hasta que nos damos cuenta de que es solo
un sueño.

RIVER

In the river, we sail slow
In the river, we control where the wind blows
In the river, your skin has a different glow
In the river, your eyes mesmerize me while I row
In the river, we watch the plants flourish and grow
In the river, you let me lead, while you inspire me
In the river, the water is pristine and crystal clear
In the river, we see butterflies fluttering their wings
In the river, the sun peeks at us, as it is spring
In the river, we watch hummingbirds pollinate the plants as they feed
In the river, we see angels standing guard over you and me
In the river, we are Adam and Eve
In the river, no serpent brings our demise
In the river, we are supreme
We row down the river, until we realize it's just a dream

TÚ

Eres
La hermosa fruta que crece en un árbol
Tú me vitalizas

Eres
La gota de miel que se queda en mis labios
Refrescante y dulce

Eres
La estrella brillante que ilumina mis cielos oscuros
Mi paz suprema

Eres
El sol a mi amanecer
La cálida sensación de hormigueo que busco

Eres
La cálida cabaña durante las tormentas invernales
La chimenea que me mantiene caliente

Eres
El premio más precioso
Eres puro amor en mis ojos

YOU

You are
The beautiful fruit that grows on a tree
You vitalize me

You are
The honeydew that looms on my lips
Refreshing and sweet

You are
The bright star that lights up my dark skies
My ultimate peace

You are
The sun to my sunrise
The warm tingling feeling that I seek

You are
The warm cabin through winter storms
The fireplace that keeps me warm

You are
The most precious prize
You are pure love in my eyes

DIVINO

La música nunca me elude
La naturaleza me canta fluidamente

Lavanda debajo de mi almohada
Me ayuda a soñar lúcidamente

El aroma de la dulce rosa
Aporta deseo y consuelo

Propiedades curativas de la flor
Muchos ignorantes del poder

Que guardamos profundamente dentro
Y de lo divino

La energía está por todas partes
Más despacio, respira y tómate tu tiempo

Vuelve a tu intuición
Es algo que nos han regalado

Soledad en la naturaleza
Estimula tu sexto sentido

En el presente
Puedes sentir la diferencia

DIVINE

The music never eludes me
Nature sings to me fluidly

Lavender under my pillow
Helps me dream lucidly

The aroma of the sweet rose
Brings both desire and comfort

Healing properties of the flower
Many ignorant of its power

We hold deep inside
And of the divine

Energy is all around us
Slow down, breathe and take your time

Tap back into your intuition
It's something we've been gifted

Solitude in nature
Stimulates your sixth sense

In the present
You can feel the difference

VIDA

¿Qué es la vida?
¿Qué se puede cuantificar fácilmente?

¿No es la Naturaleza?
¿Y toda la vida que crea?

¿No son las Artes?
¿Cuál puedes dibujar, hablar o escribir?

¿No es Amor?
¿Ese sentimiento de que todo estará bien?

¿No es Paz?
¿La capacidad de controlar tu interior?

¿No es Moral?
¿La diferencia entre el bien y el mal?

¿No son Recuerdos los que guardamos en lo más profundo de nuestro interior?
¿Tanto los buenos como los malos tiempos, tal vez?

¿No es Dios?
¿El creador que ha diseñado todo esto?

Yo SOY vida

LIFE

What is life?
What can be easily quantified?

Is it not Nature?
And all the life it creates?

Is it not the Arts?
Which you can draw, speak or write?

Is it not Love?
That feeling everything will be alright?

Is it not Peace?
The ability to control your inner self?

Is it not Morals?
The difference between wrong and right?

Is it not Memories we keep deep inside?
Both the the good and rough times, perhaps?

Is it not God?
The creator who has all of this designed?

I AM life

Flor de la Vida

Rayos de luz apasionados
Expandiéndose a través del espacio y el tiempo
Ningún rincón ileso
¿Cuál será nuestra desaparición?
¿Quién eres?
¿Quién soy?
Moléculas y átomos
Crea nuestro diseño
La verdad destruye la oscuridad.
De la luz nadie puede esconderse
¿Es la vida una ecuación matemática?
Pregúntale a la flor de la vida
Respeta la naturaleza
Prefieres que ella sea amable
Su ira es cruel
Sin embargo, abandonas su lado dulce
Enfrenta las consecuencias de tu arrogancia
Porque la naturaleza no olvida tus crímenes

FLOWER OF LIFE

Passionate rays of light
Expanding through space and time
No corner unscathed
What will be our demise?
Who are you?
Who am I?
Molecules and atoms
Make up our design
The truth destroys darkness
From the light, no one can hide
Is life a mathematical equation?
Ask the flower of life
Respect nature
For you rather her be kind
Her anger is vicious
Yet you abandon her sweet side
Face the consequences of your arrogance
For nature does not forget your crimes

Armadura de Amor

Un millón de espadas caen del cielo
Tu amor protege la muerte un millón de veces
Tu amor es fuerte
Sin embargo, gentil y amable
Eres el casco que uso
Me mantienes concentrado y preparado
Eres mi placa de pecho
Proteges mi corazón del mal y del dolor
Eres esa espada inmaculada
Eso inspira mi logro y crecimiento
Eres ese arco y flecha
Que fortalece mi vida
Tu eres mi lanza
Avanzamos sin miedo
Eres la armadura que me mantiene sano
A través de estas batallas, que debemos enfrentar
La victoria contigo siempre se logra
Eres todo lo que necesito

Armor of Love

A million swords fall from the sky
Your love shields death a million times
Your love is strong
Yet gentle and kind
You are the helmet I wear
You keep me focused and prepared
You are my chest plate
You protect my heart from evil and pain
You are that immaculate sword
That inspires my achievement and growth
You are that bow-and-arrow
That fortifies my life
You are my spear
We plunge forward with no fear
You are the armor that keeps me sane
Through these battles, we must face
Victory with you is always achieved
You are all I ever need

ÁRBOL

Como un árbol cuando el agua golpea las hojas
Tu amor me nutre

Como un árbol que produce frutos
Tu amor es brillante y dulce

Como un árbol que da sombra en un día caluroso
Traes consuelo en todos los sentidos

Como un árbol con pájaros posados en las ramas
Me traes una gran satisfacción

Como un árbol firme en el viento
Tu amor nunca puede traicionar

Como un árbol frente a un lago
Tus reflexiones conmigo me llevo

Como un árbol con flores rosadas
Inspiras hermosas creaciones

Como un árbol con sus raíces entrelazadas
Entiendes mis muchos lados

Como el árbol grandioso, que eres
Me ayudas a reducir mi orgullo

Como un árbol escondido de la humanidad
Por siempre eres mi árbol de la vida

TREE

Like a tree when water hits the leaves
Your love nourishes me

Like a tree that produces fruit
Your love is brilliant and sweet

Like a tree providing shade on a hot day
You bring comfort in every way

Like a tree with birds perched on branches
You bring me great satisfaction

Like a tree standing firm in the wind
Your love can never betray

Like a tree in front of a lake
Your reflections with me I take

Like a tree with pink blossoms
You inspire beautiful creations

Like a tree with its roots intertwined
You understand my many sides

Like the grandiose tree you are
You help me cut down my pride

Like a tree hidden from mankind
Forever you are my tree of life

Milton Keynes UK
Ingram Content Group UK Ltd.
UKHW032041180324
439698UK00001B/113